W0194560

„Den Fahrstuhl kenne ich!" wird manch eine bei diesem Thema denken. Manchmal oben, manchmal unten – und ich weiß nicht, wie das kommt. Einen richtigen Fahrstuhl kann ich anhalten. Ich bestimme, ob er nach oben oder unten fährt und wohin er mich bringen soll. Bei den Gefühlen scheint es umgekehrt zu sein. Sie machen mit mir, was sie wollen!

Was sind eigentlich unsere Gefühle?
Was verstehen wir darunter und woher kommen sie?

Vorbemerkung:
Das Thema wurde mir vor langer Zeit von Frauen gegeben. Seitdem ist der Vortrag ungezählte Male gewünscht worden und war vielen Frauen eine Hilfe. Bei der Aufzeichnung wurde der Vortragsstil beibehalten.

Dezember 2013
Dr. Christa-Maria Steinberg

Dr. Christa-Maria Steinberg

Die Autorin ist Ärztin für Kinder- und Jugend-psychiatrie und Psychotherapie. Sie arbeitete von 1970 bis 2006 in der Johannesdiakonie, Mosbach/Baden. Dort leitete sie zuletzt als Chefärztin die Klinik für Kinder- und Jugendpsychiatrie und Psychotherapie, den Ärztlichen Dienst im Heimbereich der geistig und körperlich behinderten Bewohner und, zeitweise, das Sozialpädiatrische Zentrum.

Obwohl christlich erzogen, kam sie erst mit 41 Jahren durch die Andacht einer Aidlinger Diakonisse zum Glauben. Seit Beginn ihres Ruhestandes gehört sie zum Evangelisationsteam Sachsen. In diesem Rahmen bietet sie Psychotherapie und Seelsorge an und ist als Referentin tätig. Sie ist verheiratet mit Eberhard Steinberg, die beiden haben zwei Söhne und zwei Enkelkinder.

1. Gefühle

Definition von Gefühl

Bis ins 18. Jahrhundert hinein waren die Worte „Gefühl" und „fühlen" nur andere Ausdrücke für die Begriffe „Tastsinn" und „tasten". Mit „fühlen" wurden allein körperliche Qualitäten bezeichnet: Schmerzen fühlen, Kälte, Berührung – also alles, was z.B. unsere Haut an Wahrnehmungen aufnimmt und uns vermittelt. Das will ich näher erklären.

Überall in Haut und Schleimhäuten finden sich „Empfänger" (Rezeptoren), die Reize aufnehmen und weiterleiten. Wir merken eine raue oder eine sanfte Berührung; ob ein Stift stumpf oder spitz ist; wie weit zwei Berührungen voneinander entfernt liegen; ob uns kalt oder heiß wird. Wir unterscheiden mit der Zunge süß oder sauer, bitter oder salzig. Unsere oberflächlichen Haut- und Schleimhautrezeptoren sind angeschlossen an sensible Nerven – das sind die Nerven, die aus der Peripherie zum Gehirn führen. Im Gehirn gibt es einen bestimmten Ort, die Körperfühlsphäre, an dem die Reize ankommen. In dieser Region, der hinteren Zentralwindung, hat der aufgenommene Reiz aus jeder Körperregion seinen exakten Platz. Wenn man die „Landkarte" der Gefühlsorte anschaut, sieht sie fremdartig aus: die Fingerspitzen und die Zunge nehmen riesig viel Platz ein, während die Regionen, in welche die Gefühle von Bauch und Rücken einlaufen, ziemlich klein wirken.

Das leuchtet ein. Wir kennen ja selbst unsere empfindlichen Stellen. Und wenn in der Körperfühlsphäre ein Schmerz gemeldet wird, wissen wir sofort ganz genau, wo es uns wehtut.

Wir fühlen uns

Also, bis etwa zum Beginn des 18. Jahrhunderts war der Begriff „Gefühl" immer konkret, sozusagen anatomisch-physiologisch, gemeint. Ab dann „fing die Menschheit an, sich zu fühlen." (Stephan Holthaus). Der Ausdruck „Gefühl" bekam eine zusätzliche Bedeutung, nämlich seelische Stimmung, Empfindung. Und in unserer Zeit sprechen wir viel und offen über unsere Gefühle. Wir kennen sie und wollen sie ergründen. Wir finden sie sehr wichtig und entscheiden gefühlsmäßig, „aus dem Bauch heraus". Schwierig, wenn das einer nicht kann und zu lange überlegt oder abwägt. Eine moderne Frau, die im Leben steht, hat sich spontan zu entscheiden!

Die gefühlten Eindrücke können schon mal die Wirklichkeit „richtig stellen": Wir haben „gefühlte" vier Wochen Urlaub verbracht – wenn wir Glück hatten. „Gefühlte" 100 Leute sind zur Geburtstagsfeier gekommen, das war zuviel!

Die Meteorologen, eigentlich eine wissenschaftliche Zunft, servieren uns „gefühlte" Temperaturen. Ich kenne Frauen, die mit „gefühlten" Kalorien gut zurechtkommen.

Gefühl in der Bibel

Die Bibel kennt auch beide Wortbedeutungen von „Gefühl": sowohl das körperliche Spüren, den Tastsinn, als auch die seelische Bewegung.

Das Substantiv „Gefühl" finden Sie im Bibelwörterbuch nicht, wohl aber das Verb „fühlen". Es bezeichnet immer körperliche Empfindungen.

Hier ein paar Beispiele:

2Chronik 6,29:
„Wenn jemand seine Plage und Schmerzen fühlt …"

Sprüche 20,30:
„Man muss dem Bösen wehren mit harter Strafe und mit ernsten Schlägen, die man fühlt …"

Daniel 5,23:
„Du hast die … Götter gelobt, die weder sehen noch hören noch fühlen."

Im Markusevangelium liebe ich besonders die Stelle *Markus 5,29:*
„Und alsbald vertrocknete der Brunnen ihres Blutes und sie fühlte es am Leibe, dass sie von ihrer Plage war gesund geworden."

Wie muss das wunderbar für die schwerkranke Frau gewesen sein, die zwölf Jahre lang wegen chronischer Blutungen vergebliche teure medizinische Behandlungen durchgemacht hatte. In dem Augenblick, in dem sie Jesus von hinten an seinem Gewand berührte, fühlte sie, dass die Blutung aufhörte. Soviel zum Thema fühlen, körperlich spüren, in der Bibel.

Seelische Empfindungen werden in der Bibel nicht mit dem Ausdruck „Gefühl" benannt. Hier ist von der Seele die Rede, die als Sitz der Empfindungen, der Bedürfnisse und Wünsche gilt.

Oder die seelischen Empfindungen werden direkt beschrieben:

1Samuel 2,1
Hanna, von der später noch die Rede sein wird, ist „fröhlich in dem Herrn"

Psalm 32,3:
„Denn da ich's wollte verschweigen, verschmachteten meine Gebeine durch mein täglich Heulen"

Hoheslied 2,5:
„ … denn ich bin krank vor Liebe"

in Matthäus 26,75 heißt es von Petrus:
„und ging hinaus und weinte bitterlich"

Markus 10,16:
„Und als er sie (die Kinder) in die Arme geschlossen hatte, segnete er sie, indem er ihnen die Hände auflegte."

Das ist die zärtlichste Reaktion, die wir im Neuen Testament von Jesus finden und sie wird nur hier genannt. So urteilt die Bibellesehilfe „Zeit mit Gott" * der Aidlinger Schwestern.

· *Jesus will uns „Ruhe für die Seele" geben (Matthäus 11,29).*

· *Seine „Seele ist betrübt" (Matthäus 26,38).*

· *Es gibt „Freude über einen Sünder, der Buße tut" (Lukas 15,7),*

· *über den gefundenen Groschen (Lukas 15,9),*

· *das gefundene Schaf (Lukas 15,5).*

Gefühl und Körper

Unsere Gefühle haben viel mit unserem Körper zu tun, zum Beispiel mit unseren Hormonen.

Wir kennen den Ausdruck „Glückshormone". Sie werden im Gehirn gebildet und im Hirn-Rückenmark-Kreislauf transportiert. Bewegung an frischer Luft kurbelt ihre Produktion an. Nach einem Spaziergang fühlen wir uns gut. Einen Jogger fragte ich einmal, weshalb er die ganze Anstrengung, schwitzend durch den Wald zu rennen, immer wieder auf sich nehme und er sagte: „Das verstehst du nicht. Davon wird man high!"

Schokolade sorgt auch für mehr Glückshormone. Deshalb kann es gut tun, ab und zu ein Stück Schokolade zuviel zu nehmen. Aber Vorsicht, Kummerspeck!

Man kann andererseits nachweisen, dass bei depressiven Menschen Glückshormone fehlen. Wenn man sie künstlich zuführt – das geht leider nur unter wissenschaftlichen Versuchsbedingungen – sind sie bei Depressiven sofort aus dem Hirnkreislauf verschwunden. Sie werden „geschluckt" vom Hirngewebe, das durchlässiger zu sein scheint als bei gesunden Menschen.

Deshalb braucht der depressiv Erkrankte Medikamente, die das Hirngewebe „abdichten". So funktionieren die Antidepressiva – und wenn man erkrankt ist, sollte man sie unbedingt einnehmen. Sie helfen und machen nicht abhängig.

Praktisch wäre es, wenn der Erkrankte die Glückshormone direkt einnehmen könnte, aber das geht nicht. Wir brauchen ganz bestimmte, im Gehirn gebildete Zusammensetzungen, die noch nicht industriell hergestellt werden können.

Auch Schilddrüsenhormone sind für unsere Gefühle zuständig. Bei einem Mangel finden sich Stimmungsschwankungen. Man fühlt sich müde, traurig, lustlos, antriebslos. Die richtige Hormoneinstellung hilft, ausgeglichen und fröhlich zu sein.

Drei Wochen recht, eine Woche schlecht

Und dann die typisch weiblichen Hormone! Sie wollen unsere Gefühle stärker steuern, als uns lieb ist. Bei manchen Frauen beginnt die allmonatliche Stimmungsschwankung gleich mit der ersten Regel, der

Menarche. Und vierzig Jahre lang haben wir damit zu tun! Mit dem Eisprung, also 14 Tage nach der Regel, vermindert sich das Weiblichkeitshormon (Östrogen) und Mütterlichkeitshormon (Progesteron) bildet sich vermehrt. Das führt bei manchem von uns, besonders kurz vor der nächsten Regel, zu Nervosität. Wir können unsere Gefühle nicht steuern, leben schwerer, sind anfälliger für Krankheiten. Einige sind leicht reizbar und entmutigt. Kleine Schwierigkeiten des Alltags erscheinen unüberwindlich. Ja, es melden sich sogar Depressionen, seelische Versteinerung bis hin zu Selbstmordgedanken.

Wir sprechen vom „Prämenstruellen Syndrom". In meiner Jugend wurde über die Regel und andere weibliche Besonderheiten nicht gesprochen und ich erinnere mich noch genau an das erste Heftchen über das Prämenstruelle Syndrom, PMS. Das Büchlein kam aus Amerika und ich dachte damals: „Die Amis, immer etwas übertrieben!" Inzwischen ist der Zusammenhang zwischen Hormonen und Gefühlen gut erforscht, zum Glück.

Wir können uns schonen in diesen Tagen vor der nächsten Regel, den Hausputz verschieben, den Keller später aufräumen. Und manche Frauen können mit ihren Männern über das Thema reden. Da weiß dann der Ehemann Bescheid, weshalb sich seine Frau so traurig oder angespannt zeigt, und er muss nicht denken: „Was habe ich nun schon wieder gemacht, dass sie so gereizt ist?" Wenn die Regel dann einsetzt, kehren Schaffenskraft und Optimismus zurück, wir sehen wieder gut aus und fühlen uns stark.

Babyblues

Vielleicht kennen Sie den „Babyblues": die junge Mutter liegt im Bett und weint. Sie ist nicht traurig oder sorgenvoll wegen ihres Babys. Nein, die Entbindung hat ein Hormonchaos angerichtet. Der Mutterkuchen (Placenta), in dem während der Schwangerschaft ein Großteil der Hormone hergestellt wurde, ist abgerissen von der Wand der Gebärmutter und als Nachgeburt ausgestoßen worden. Ein neuer Monatszyklus kommt erst ganz allmählich in Gang. Das verursacht bei manchen Frauen die „Wochenbettdepression", die manchmal richtig antidepressiv behandelt werden muss. Wie gut, dass es heute Antidepressiva gibt, die man auch während des Stillens einnehmen kann.

Depressiv in jedem Alter

Und wenn dann, mit etwa 50 Jahren, die Regel aufhört
– wir nennen das Menopause – erleiden Frauen die
„Menopausendepression". Sie ist bei manchen Frauen
stark ausgeprägt, wenn sie schmerzlich erleben, dass
sie jetzt Abschied nehmen müssen von der Lebens-
phase ihrer Fruchtbarkeit. Das kann mit einem deut-
lichen Trauergefühl einhergehen, besonders, wenn der
Kinderwunsch nicht erfüllt wurde.
So haben wir uns ein Leben lang mit Gefühlsschwan-
kungen zu plagen und müssen wirklich lernen, sie
einzuordnen und damit umzugehen.

Gefühl und Verstand

Mit dem Verstand können wir unsere Gefühle wahr-
nehmen, sie beschreiben, erklären und darüber nachdenken. Wenn wir herausfinden, woher unser Gefühl
jetzt gerade kommt, können wir es einordnen und
müssen uns nicht davon regieren lassen. Wir können
den Fahrstuhl der Gefühle steuern, müssen nicht hilflos hinauf und hinunter sausen. Das will ich an einem
Beispiel erklären.

Die Liebe

Ich nehme die Liebe, ein starkes Gefühl. Wenn wir verliebt sind – und ich wünsche Ihnen sehr, dass Sie sich an ein Verliebtsein erinnern – ist das rundum Glück. Wir sehen das Leben durch eine rosarote Brille. Wir fiebern den Treffen mit dem Liebsten entgegen. Wir schreiben Briefchen, Mails, SMS. Wir fabrizieren Geschenke und denken uns Überraschungen aus. Am liebsten möchten wir immer mit dem Liebsten zusammen sein. Haben Sie Verliebte mal beim Telefonieren beobachtet? Inhaltlich nicht besonders aufregend, was da geredet wird – aber das Reden an sich macht sie glücklich. „Ich will seine Stimme hören, ich finde alles interessant, bewundernswert und schön, was er erzählt. Ich verstehe ihn so gut und niemand versteht mich so wie er. Wir passen wunderbar zusammen." Und jeder sehnt sich, je länger, je mehr, nach dem anderen.

„Himmelhoch jauchzend" benennt Goethe dieses Gefühl.

Das Glück scheint dauerhaft zu werden, die Hochzeit wird geplant, die eigene Wirtschaft eingerichtet – wie schön ist das Leben mit dir!

Aber dann, schleichend oder plötzlich, kommt die große Enttäuschung, weg ist die Täuschung. „Du bist ja überhaupt nicht wunderbar. Seit der Hochzeit hast du dich vollkommen verändert! Wie konnte ich mich nur in dich verlieben? Wir sind ja so verschieden, das kann gar nicht gut gehen!"

Wo ist nun das Gefühl der Liebe geblieben?

Jetzt müssen wir, und dabei helfen unser Verstand und unser Wille, lernen, was Liebe wirklich ist. Sie ist nicht nur ein Gefühl, sondern auch und zwar mit der Zeit zunehmend, in vielen Ehen ein Willensakt. Meinen Mann lieben, bedeutet: Ich will mit aller Kraft sein höchstes Wohlergehen anstreben. Ich will also dafür sorgen, dass es ihm gut geht. So zeige ich ihm meine Liebe (dasselbe sage ich auch den Männern in der Eheberatung, aber hier spreche ich ja zu Frauen). Konkret kann das bedeuten, dass ich mich übe, freundlich mit ihm zu reden. In dieser Phase meiner Ehe sagte mir vor vielen Jahren meine Seelsorgerin: „Machen Sie Ihrem Mann täglich zehn Komplimente." Ich habe damals mit dem Kopf geschüttelt und ihr gesagt, sie kenne meinen Mann nicht, sonst würde sie das nicht sagen. Aber ich habe doch damit angefangen. Das war komisch, was sollte ich loben?

Mein erstes Kompliment war ehrlich, wenn auch etwas verlegen: „Dieses hellblaue Hemd steht dir gut, das mag ich leiden." Ich hatte Glück, mein Mann freute sich sehr und wollte gleich noch mehr Komplimente hören. Andere Frauen haben erzählt, dass sie damit nicht gut angekommen sind. Wenn man über einen langen Zeitraum nur noch gereizt und vorwurfsvoll miteinander gesprochen hat, macht so ein freundliches Wort den Ehemann zuerst argwöhnisch. Aber es kann die Kehrtwende einleiten. Es ist hoffentlich der Anfang einer neuen Art der Kommunikation. Probieren Sie es, es lohnt den Versuch!

Komplimente und andere Tipps

· Wenn ich will, dass mein Mann sich gut fühlt, beziehe ich ihn in alle Planungen ein. Manche Väter hören abends: „Die Kinder und ich haben geplant, am Samstag eine Tour mit dem Fahrrad zu machen und am Sonntag zu Mutter zum Kaffee zu fahren."

Liebevoller wäre es gewesen, den Vater vorher zu fragen, was er für Ideen hat!

- Ich suche aktiv nach Gelegenheiten, ihm Anerkennung auszudrücken: „Unser Rasen sieht wieder richtig gut aus, schön, dass du gemäht hast!"

- Ich lasse meinem Mann den Vortritt, z.B. im Restaurant. Wie oft sehe ich Ehepaare, bei denen die Frau zügig voranschreitet, denn sie hat längst gesehen, wo im Lokal der beste freie Tisch steht. Ihr Mann geht hinter ihr, bemüht, seine Würde zu bewahren. Auch christliche Ehepaare sehe ich auf diese Weise in die Kirche oder den Gemeindesaal gehen. Das ist nicht schön, dabei fühlt er sich nicht gut!

- In der Gebetsgemeinschaft warte ich, bis er gebetet hat. Der Mann ist das geistliche Haupt der Familie.

- In Gesprächen gehe ich achtsam mit ihm um, besonders auch vor Fremden. Ich unterbreche ihn nicht, ich stelle nicht richtig, was er – wie ich finde – ungenau erzählt hat.

- Wir unterhielten uns einmal mit einem Paar und ich fragte den Vater nach seinen Kindern. Er erzählte fröhlich, dass seine Tochter gerade sechs Jahre alt geworden sei. Seine Frau fuhr dazwischen: „Das ist schon sieben Monate her!" Der arme Mann wurde ganz rot und verlegen, er tat mir leid. So sollen wir mit unserem Mann nicht umgehen.

· Wenn wir „mit aller Kraft sein höchstes Wohlwollen anstreben", reden wir nicht schlecht über ihn, weder mit der Mutter, noch mit der Freundin; auch nicht mit einem verständnisvollen Arbeitskollegen und schon gar nicht mit den Kindern.

· Und ein letztes Beispiel, das mir am schwersten fällt: ich lasse meinem Mann das letzte Wort. Sie wissen, was ich meine und wie schwer das ist! Aber es hilft zum Frieden. Wenn ich aufhöre zu reden in einer Diskussion, sagt mein Mann jetzt schon: „Du siehst das wohl anders?" Ja, das hat er richtig bemerkt. Aber ich muss jetzt nicht recht behalten, der Frieden ist mir wichtiger.

Emanzipation?

Die Tipps, die Sie jetzt gelesen haben, haben nichts mit „Emanzipation" zu tun. Ich habe mit diesen Vorschlägen schon eisiges Schweigen bei den Zuhörerinnen geerntet. Diese Tipps beruhen auf der Grundeinstellung, dass der Mann den Familienvorsitz inne hat und die Verantwortung für das Ganze trägt. Es ist das biblische Familienmodell, nach meiner Erfahrung eine gute Grundlage für die Ehe.

Für die Frau ist es entspannend, wenn sie ihren Mann in alle Fragen einbeziehen und dann in die zweite Reihe treten kann. Sehr oft ist man sich ja einig, aber wenn nicht – lassen Sie ihren Mann entscheiden!

Anders reden lernen

In der Eheberatung sehe ich manchmal, dass Eheleute wieder zusammenkommen, wenn sie beide das unbedingt wollen. Eine achtsame, freundliche, rücksichtsvolle Kommunikation kann man wieder lernen. Auch wenn über lange Zeit Schimpfen, Missverständnisse und Gleichgültigkeit zwischen beiden die Oberhand hatten, geht es anders.

Es ist nicht der einzige Ausweg, auseinander zu gehen, wenn „die Gemeinsamkeiten der Ehe aufgebraucht sind", wie das so schön umschrieben wird. Manche Frauen sagen mir: „Mein Liebestank ist leer." Aber es lohnt sich immer, die Liebe wach zu halten und zu erneuern. Es lebt sich glücklicher und die Kinder bleiben behütet.

Hanspeter Wolfsberger schreibt: „Ich bete heute noch unverändert: ‚Herr, erhalte mir die Achtung und die Bewunderung für meine Frau.'" ACHTUNG meint, dass mir nie das Gespür dafür verloren geht, dass ich mit einer einmaligen und unersetzbaren Gabe Gottes verbunden bin. Und seither, seit mehr als drei Jahrzehnten, habe ich den Eindruck: Gott hört dieses Gebet gerne und er legt sich richtig ins Zeug, mich an dieser Stelle spürbar zu unterstützen."

Andere starke Gefühle

Nun gibt es ja außer der Liebe noch andere starke Gefühle, und ich will aus der Vielzahl einige Beispiele nennen.

- Viele von Ihnen kennen das Erlebnis, ein neugeborenes Kind in den Armen zu halten. Wir weinen vor Glück und finden keine Worte für dieses Wunder.

- Ein Naturschauspiel überwältigt uns; ein Sonnenuntergang; der erste Blick auf das Mittelmeer, wenn wir nach Kroatien reisen; eine atemberaubende Alpenlandschaft.

- Jürgen Werth, ein christlicher Liedermacher, beschreibt in einem Lied das Gefühl nach einer Versöhnung. Wie erlöst sind wir, endlich ist wieder Frieden.

- Eine bestandene Prüfung, welch eine Erleichterung, welch eine Zufriedenheit, wie fallen alle Sorgen von uns ab.

- Wie gut sind auch dankbare Gefühle. Wir können sie uns jederzeit beschaffen, allerdings muss man manchmal etwas nachdenken. Aber Grund zum Danken findet sich immer und dabei fühlen wir uns gut.

Auch schlimme Gefühle sind stark und überwältigen uns:

- Frauen sind traurig, weil sie keinen Mann finden. Wie sehr kann der unerfüllte Wunsch nach Ehe und Familie eine Frau beherrschen, sie traurig und bitter werden lassen!

- Frauen sind traurig, weil sie kinderlos bleiben. Darüber gibt es bewegende Berichte, wie das ist, wenn Mann und Frau der Kinderwunsch nicht erfüllt wird. Später werde ich von Hanna berichten, einer Frau im Alten Testament, die diesen Kummer hatte.

- Frauen sind unglücklich, weil sich ihre Lebensträume nicht erfüllt haben.

- Geschiedene Frauen fühlen sich wütend, gedemütigt, im Stich gelassen, überfordert mit all den Sorgen, der Arbeit, den Streitereien und den Erziehungsproblemen.

- Nach trauriger, liebloser Kindheit fühlen sich Frauen lebenslang unerwünscht, hilflos, abgelehnt.

- Wir alle haben Gefühle wie Unzufriedenheit, Neid, Eifersucht oder Hass auf Familienmitglieder, Nachbarn, Arbeitskollegen.

Oft ist der Fahrstuhl unserer Gefühle im Keller angekommen oder gar in der Tiefgarage. Und wenn wir nicht aufpassen, verweilt der Aufzug dort unten. Wir sind enttäuscht. Man hat uns missverstanden, zurückgestoßen, verletzt und wir kommen von dieser Erinnerung nicht los. Immer wieder müssen wir daran denken, uns beklagen, weinen und schimpfen. Mehr noch: wir glauben, dass wir ein Recht darauf haben, zu grollen und nachtragend zu sein.

Wir stopfen die Bitterkeit in uns hinein und holen sie immer mal wieder heraus, wenn es uns gerade schlecht geht. Unsere Gefühle werden und bleiben negativ, unfroh, schlimm.

Was können wir mit diesen schlechten Gefühlen tun? Wie werden wir sie los?
 Wohin mit schlechten Gefühlen?

Da können wieder unser Verstand und unser Wille in Aktion treten. – Ein Seelsorgegespräch kann helfen. Manchmal ist eine Psychotherapie nötig als Gesprächstherapie, tiefenpsychologisch orientierte Therapie, Trauma-Therapie oder Verhaltenstherapie. Davor sollte sich niemand scheuen, und, wenn Gott will, findet man eine Therapeutin, mit der man sich

gut versteht und die weiterhelfen kann. Solch eine Therapie ist anstrengend für die Seele, denn sie legt Dinge frei, die längst vergessen oder verdrängt wurden. Aber sie können bearbeitet und geheilt werden. Dann entsteht Raum für angenehme Gefühle. Man kann frei werden, manche Lebensenge wird erweitert.

Neulich sagte mir eine ehemals depressive Frau, die alle drei Wochen mit mir telefoniert: „Zum ersten Mal in meinem ganzen Leben habe ich mich gestern richtig glücklich gefühlt. Nun weiß ich, dass es das gibt und ich sorge dafür, dass ich immer öfter glücklich bin, das Gefühl ist einfach wunderbar!"

Biblische Hilfen

Die Bibel gibt auch Hilfen zum Umgang mit schlechten Gefühlen. 2 Korinther 10,5: „Jeden Gedanken, der sich gegen Gott auflehnt, nehme ich gefangen und unterstelle ihn dem Befehl von Christus." (Gute Nachricht Bibel, 2010)

Schlechte Gedanken beeinflussen unsere Gefühle. Wir unterstellen sie dem Befehl von Jesus. Das griechische

Wort für gefangen meint die Kriegsgefangenschaft in einer mit Palisaden eingezäunten Festung. In so ein Gefangenenlager, unter die Bewachung von Jesus, können wir unsere schlechten Gefühle geben. Das ist ein Willensakt. Man muss ihn oft wiederholen, denn so schnell gibt sich der Teufel nicht geschlagen. Er möchte gern, dass wir unsere Bitterkeit pflegen, denn das trennt uns von Jesus. Also immer wieder sagen: „Herr Jesus, ich werfe dir diese Gedanken, die mich nach unten ziehen oder zornig machen, in das Gefangenenlager, ich trenne mich davon."

In der Schule haben wir gern das Lied gesungen: „Die Gedanken sind frei, wer kann sie erraten …" Wenn ich Christ bin, sind meine Gedanken nicht frei. Manches darf und will ich nicht denken, es passt nicht zu Jesus, es macht mich unglücklich und frisst mich von innen auf.

Mir hilft auch sehr das Bild vom Friedhof der Gefühle unter dem Kreuz. Was ich dorthin werfe, wird unschädlich, es vermodert. Weil es keine Bedeutung mehr hat, kann es mich nicht mehr aufregen. Probieren Sie es, üben Sie es ein. Der Fahrstuhl der Gefühle kann danach nicht mehr unten bleiben!

II. Hanna

Ich möchte Ihnen gern Hanna vorstellen, eine Frau, die etwa im Jahre 1050 v. Chr. lebte. In 1Samuel 1 und 2 ist ihre Geschichte telegrammstilartig zusammengefasst. Hanna war wahrlich eine Frau im Fahrstuhl der Gefühle!

Ein gewisser Elkana hatte zwei Frauen. Das war im alten Israel nicht verboten und auch nicht außergewöhnlich. Man wundert sich nur, wie das gut gehen konnte. Heute haben viele Männer zwei Frauen. Aber dass sie zu dritt samt Kindern in einer Familie leben, ist sicher die Ausnahme. Zwei Frauen für einen Mann ist immer eine Katastrophe und oft für die Kinder das Ende ihres glücklichen Lebens. Jeder von uns weiß Beispiele dazu.

Peninna

Damals war dieses Arrangement erlaubt, auch von Gott. Diese Familie war fromm. Und wie waren die beiden Frauen? Der Text sagt: „Eine hieß Hanna, die andere Peninna". Peninna heißt Koralle. Wir kennen Korallen als Gewächse, die am Meeresgrund festgewachsen sind. Sie bewegen sich mit den Meereswellen. Sie schwanken hin und her, so wie das Wasser über sie hingeht. Unterwasserfilme zeigen ihre vielfarbige Pracht. Korallen werden zu Schmuck verarbeitet. Es gibt sie elfenbeinfarben oder in verschiedenen Rottönen als Ketten, Ohrringe, Broschen und Armreifen.

Man kann sie auch bewundern im „Grünen Gewölbe" in Dresden. Dort gibt es Kunstwerke aus Korallen zu bestaunen und auch Lustiges. August der Starke hat dort z. B. ein Jagdbesteck ausstellen lassen, bei dem an jedem der scharfen Messer und Gabeln der Griff lange Korallenzinken trägt. Man staunt, es ist sehr kostbar (wenn auch unhandlich)! Im Alten Testament galt Schmuck, der aus Korallen angefertigt war, als besondere Kostbarkeit, vergleichbar mit Edelsteinen und Gold. Aber es ist ein äußerer Schmuck: „Eine tüchtige Frau – wer findet sie? Weit über Korallen geht ihr Wert." (Sprüche 31,10, Rev. Elberfelder).

Kindersegen

Der Name dieser Frau deutet auf äußere Schönheit hin, aber Peninna war zusätzlich reich: sie war gesegnet. „Peninna aber hatte Kinder". Und Kinder galten als göttliches Geschenk, als ein sichtbares Zeichen dafür, dass Gottes Wohlgefallen auf dieser Ehe ruhte. Psalm 127,3: „Kinder sind eine Gabe des Herrn und Leibesfrucht ist ein Geschenk."

Peninna hatte also dieses himmlische Geschenk bekommen – und sie gab kräftig damit an und spielte sich vor ihrer Nebenfrau, Hanna, damit auf. „Sie betrübte und reizte Hanna sehr." Sie dachte, sie sei etwas Besseres, weil sie Kinder hatte. Sie hielt die Kinder und deren gutes Gedeihen für ihren Verdienst.

Das habe ich auch öfter gehört, besonders von frommen Müttern: „Ich habe meine Kinder richtig erzogen. Aus allen ist etwas geworden. Gott ist mit mir zufrieden, ich habe es gut gemacht!"

Opferfest in Silo

Aus dem Leben der Hanna wird ein bestimmter Tag beschrieben, und zwar das jährliche Opferfest in Silo. An dem Ort stand damals die Stiftshütte oder das Zelt der Begegnung. Gott hatte angeordnet, dass die Juden einmal im Jahr dorthin pilgerten. Sie sollten zur Vergebung ihrer Sünden ein Tier opfern, Gott anbeten und nach dem Gottesdienst zusammen speisen.

Bei diesem Essen saß Peninna mit ihren Kindern auf der einen Seite des Familienvaters Elkana und Hanna, ganz allein, auf seiner anderen Seite. Der Hausvater teilte das Fleisch aus. Zuerst kamen die Kindermutter an die Reihe und ihre Söhne und Töchter, danach Hanna. Was für ein Unterschied am Tisch! Hier die erfolgreiche, von Gott mit Kindern gesegnete Mutter, die alles im Leben erreicht hatte. An der anderen Seite des Ehemannes Hanna, ganz allein, langsam älter werdend, ohne Kinder.

Hanna ist traurig

Hanna heißt Anmut. Hanna wird also in der Bibel beschrieben als eine, die Schmuck von innen trug, keine Korallen angesteckt oder umgehängt. Ob sie hübscher aussah als Penina? Jedenfalls strahlte sie etwas Anziehendes aus auch unter schwerstem Druck.

Kinderlosigkeit ist ein so hartes Geschick. Es kann alle Gedanken und Gefühle beherrschen, kann bitter machen – der beste Mann kommt gegen diese Schwermut nicht an.

In unserer Geschichte heißt es: „Elkana liebte Hanna und legte ihr" – dabei war er traurig, sagt der Text – „ein Extrastück Fleisch vor." Er hatte sie lieb und wollte sie trösten. „Bin ich dir nicht besser als zehn Söhne?" meinte er freundlich. Aber, wenn sich eine Frau Kinder wünscht, kann auch der liebste Mann ihr die Kinder nicht ersetzen! Diese Szene wiederholte sich jedes Jahr; wie oft schon, das wissen wir nicht. Jedes Mal weinte Hanna und wollte nichts essen. Die anmutige Hanna war nur noch traurig. Peninna hatte ja recht: Hanna war überflüssig, eine anmutige, von ihrem Mann geliebte Frau ohne Kinder – ohne Kinder – ohne Kinder …

Hanna hält den Fahrstuhl an

„Da stand Hanna auf", heißt es weiter im Text. Weshalb die Anmutige bei diesem Kirchweihfest aufstand und beten ging, wissen wir nicht. Aber welch eine Chance! Der Fahrstuhl der Gefühle wird angehalten. Das ewige Traurigsein, sich Zurückziehen, Leiden und Weinen hat auf einmal ein Ende.

Nach wieder so einem „Demütigungsbrunch" steht Hanna auf, geht vor in die Kirche und betet. Wir wissen nicht, was sie dazu treibt. Ich denke mir, dass sie viel mit Gott geredet hat und nun fühlt, dass sie ins Heiligtum gehen muss, ganz nahe zu Gott. Dort schüttet sie ihrem Herrn wieder ihr Herz aus mit all dem Kummer darin. Sie weint, betet leidenschaftlich und mit ganzem Herzen. Der zuständige Priester, ein alter Mann mit Namen Eli, schaut ihr zu. Er hört nicht, was sie sagt. Uns wird es aber mitgeteilt.

Das Gelübde

Und was glauben Sie, betet Hanna? Doch wohl um einen Sohn – dieses unzählige Male wiederholte Gebet.

Aber nein, es ist anders. Sie spricht ein Gelübde aus und sagt zu Gott: „Wenn du mir einen Sohn gibst, so will ich ihn dem Herrn geben sein Leben lang."

Sie wünscht sich so sehr einen Sohn, bittet Gott darum und verspricht trotzdem, den Sohn Gott zu weihen? Das verstehen wir nicht!

Es muss so sein, dass auch hier Hanna von Gott ihr Gebet vorher bekommen hat. Wie eng lebt sie mit ihrem Herrn und wie ist sie gehorsam! Während des Betens passiert es ihr auch noch, dass der alte Priester Eli sie für betrunken hält, weil sie so heftig betet und nur die Lippen bewegt. „Gib doch den Wein von dir, damit du nicht mehr betrunken bist", sagt er zu ihr. Hanna ist nicht gekränkt, sondern antwortet ganz ehrlich und friedfertig, dass sie nicht betrunken sei und nur Gott um einen Sohn gebeten habe. Und Eli antwortet ihr: „Gehe hin mit Frieden. Gott wird dir geben, was du gebeten hast." Woher weiß Eli das? Wie geheimnisvoll ist Gottes Reden mit den Menschen, auch mit Eli, der hier ja nur Zuschauer ist.

Erleichterung

Als Hanna fertig ist mit ihrem Gebet, steht sie auf, geht zurück zur Familie und isst und ist nicht mehr so traurig.

Kennen Sie das, dass unser Kummer während des Betens schon nachlässt? Dass wir von einem Gebet aufstehen und es geht uns viel besser? Hanna hatte ihr Herz vor Gott ausgeschüttet und danach wurde ihr leichter.

Dasselbe können wir tun, sooft wir es brauchen: unser Herz vor Gott ausschütten. Eine wunderbare, effektive Möglichkeit, um traurige, hoffnungslose, schwere Gefühle loszuwerden. „Schüttet euer Herz vor ihm aus, liebe Leute" (Psalm 62,9).

Wenn wir mit unserem riesengroßen Kummer oder einer schweren Sorge vor Gott kommen, erinnert er uns wieder daran, dass er allmächtig ist. Er kann das Problem lösen, das mich so drückt, er hat schon ganz andere Schwierigkeiten weggenommen. Er hat Himmel und Erde gemacht und hält sie am Laufen und er meint es gut mit mir!

Das fällt mir beim Beten wieder ein, ich hatte es vergessen. Darum ist das Beten eine so große Hilfe und macht mein Herz wieder ruhig, auch wenn eine bestimmte Bitte noch nicht erhört wurde. Ich darf Gott ja alles sagen, einfach mit meinen eigenen Worten. Ich spreche so, wie mir ums Herz ist. Und immer ist Gott da und hört zu. Er will nicht, dass ich im Fahrstuhl unten stecken bleibe, er ist doch da und liebt mich!

Gebetserhörung

Die Familie von Elkana bleibt über Nacht in Silo, erlebt am nächsten frühen Morgen noch einen Gottesdienst und zieht dann nach Hause. Zu Hause schlafen Elkana und Hanna miteinander, wie schon so oft. Aber diesmal ist es anders. „Der Herr gedachte an Hanna", heißt es. Sie wird schwanger und bekommt einen Sohn. Sie nennt ihn Samuel. In seinem Namen ist seine ganze Anamnese enthalten, denn Samuel bedeutet: „Von Gott erbeten". Ein von Gott erbetenes und geschenktes Kind, ein ganz besonderer Sohn ist das.

Hanna zieht nun die nächsten Jahre nicht mit zur Kirchweih nach Silo, weil sie ihr Kind noch stillt. Sie hat ihren Mann eingeweiht in das Geheimnis um Samuel und ihr Mann lässt sie gewähren.

Mit vier Jahren geht dann Samuel zum ersten Mal mit nach Silo, um dort zu bleiben als Priesterschüler. Nach einem besonders großen Festopfer, das die Eltern zusammen mit dem geweihten Söhnchen dort Gott darbringen, geben sie ihn dem Priester Eli, damit er bei ihm das Propheten-Amt lernt.

Freude

Und jetzt sehen wir die anmutige Hanna von ganz anderen Gefühlen erfüllt als beim letzten Mal. Sie ist herausgekommen aus dem Fahrstuhl von Weinen und Wehmut. Sie betet unseren wunderbaren Gott an mit immer neuen, ergriffenen Ausdrücken. Wir kennen den Text ihres Liedes, leider nicht die Melodie. Hanna singt:

„Mein Herz ist fröhlich in dem Herrn. Mein Mund hat sich weit aufgetan …, denn ich freue mich deines Heils. Es ist niemand heilig wie der Herr, außer dir ist keiner; und ist kein Hort, wie unser Gott ist …

Denn der Welt Grundfesten sind des Herrn und er hat den Erdboden darauf gemacht. Er wird behüten die Füße seiner Heiligen …"

So können wir auch zum Loben und Anbeten Gottes kommen. Vielleicht hat auch jemand von Ihnen schon einmal ein neues Lied gemacht vor lauter Glück und aus Dank Gott gegenüber!

Gott hat alles gut gemacht

Die Fortsetzung der Geschichte fasse ich kurz zusammen. Hanna hat Gott ihren Sohn versprochen und gegeben. Er ist ein großer Prophet geworden, der das gottlos gewordene Volk Israel wieder zu Gott zurück führte. Durch ihn schenkte Gott seinem Volk eine geistliche Erneuerung.

Und Hanna? Gott lässt sich nichts schenken. Sie bekam noch drei Söhne und zwei Töchter!

Hannas Lied wurde 1050 Jahre später wieder von einer jungen Mutter aufgegriffen, die ihre Bibel kannte und das alte Lied fast wörtlich sang. Das war Maria, nachdem der Engel ihr gesagt hatte, dass sie die Mutter von Jesus sein werde. In manchen Kirchen wird dieser „Lobgesang der Maria" heute noch gesungen. Johann Sebastian Bach hat eine wunderbare Musik daraus komponiert, das „Magnificat".

Zurück zu uns. Wir genießen gute Gefühle. Wir sind glücklich, zärtlich, im Einklang mit uns und unseren Mitmenschen, dankbar. Es ist auch wahr, dass unsere Gefühle uns sehr zusetzen und entmutigen können. Aber es steht uns frei, Hilfe zu suchen. Niemand hindert uns, aus der Enge herauszutreten vor unseren Herrn. Niemand ist herrlicher als er. Er zeigt Wege zur Hilfe. In seiner Gegenwart verlieren die Gefühle ihre Macht über uns. Wollen wir ihn miteinander loben!

„Lob- und Dankkalender"

Das Leben steckt voller Überraschungen. Viele Erlebnisse vergessen wir leider. In den Niederungen des Alltages ist es hilfreich, wenn Sie sich an geniale Geschenke, göttliche Bewahrungen, gelungene Operationen oder beeindruckende Begegnungen erinnern. Dieses Buch ist nicht nur ein wiederkehrender Geburtstagskalender, sondern zugleich Gebetserinnerung. Schreiben Sie Ihre Lob- und Danktermine auf und danken Sie sich gesund. Danken bewahrt vor Verbitterung und Loben zieht nach oben.

Artikelnummer: 819.833
ISBN: 978-3-930868-11-7
Preis: 12,00 EUR
inkl. 19% MwSt., zzgl. Versandkosten

„Heilung ist möglich!"

Die Ärztin Dr. Christa-Maria Steinberg und der Evangelist Lutz Scheufler behandeln aus Sicht der Therapie und der Bibel eine der größten Sehnsüchte der Menschheit – Heilung! Unter dem Thema „Heilung ist möglich!" waren die Referenten zu gemeinsamen Veranstaltungen auf Tour. In dieser Handreichung sind ihre Vorträge abgedruckt: verständlich, praxisnah, anwendbar.

Artikelnummer: 819.827
ISBN: 978-3-930868-08-7
Preis: 3,95 EUR
inkl. 7% MwSt., zzgl. Versandkosten